So funktioniert die Trennkost

Beim Abnehmen mit der Trennkost geht es um die richtige Kombination der Zutaten, Sie brauchen also keine Kalorien zu zählen! Wichtig ist nur, vorwiegend eiweißreiche (rote Gruppe) von kohlenhydratreichen Lebensmitteln (blaue Gruppe) zu trennen – daher der Name: Trennkost. Lebensmittel wie zum Beispiel die meisten Gemüsearten, alle Salate, fettreiche Zutaten und gesäuerte Milchprodukte sind »neutral«, passen also immer.

Im 14-Tage-Trennkost-Programm ist alles für Sie vorgeplant: Sie finden für jeden Tag 2 Rezepte: eines für ein eiweißreiches Gericht (rot) sowie eines für ein kohlenhydratreiches Gericht (blau) oder für ein neutrales Gericht (grün). Auf den Seiten 4 und 5 gibt es Frühstücksvarianten und Zwischenmahlzeiten zur Auswahl. Die Hauptgerichte können Sie auch untereinander austauschen, je nach Ihren Vorlieben.

Für Berufstätige ideal: ein Gericht eignet sich immer zum Mitnehmen. Alle Zutaten sind leicht zu bekommen. Legen Sie sich gleich zu Beginn einen Grundvorrat an – eine Vorratsliste finden Sie auf Seite 35 – dann brauchen Sie nur noch die frischen Zutaten zu besorgen.

Sie möchten gerne zur Mahlzeit noch ein Extra oder haben zwischendurch Appetit? Kein Problem. Achten Sie aber darauf, daß Sie beim Essen in Ihrer Gruppe (rot oder blau) bleiben – die Tabelle auf den Seiten 34 und 35 hilft Ihnen dabei. Nach kleineren Mahlzeiten können Sie nach etwa 2 Stunden, nach einem üppigen Essen nach 3 Stunden wieder die Gruppe wechseln, denn dann ist das Essen verdaut.
Alles klar?
Dann viel Erfolg und guten Appetit!

Frühstück

Honigbrötchen

1 Brötchen halbieren. Die Hälften mit je 1 Eßlöffel Butter und Honig bestreichen.

Brot mit Hüttenkäse

2 Scheiben Vollkorn- oder Mischbrot mit je 1 Eßlöffel Quark oder Hüttenkäse bestreichen. Mit Salz und fein gehackten Kräutern bestreuen. Nach Belieben mit 1 in Scheiben geschnittenen Tomate garnieren.

Müsli mit Banane

100 g Joghurt mit 3–4 Eßlöffeln Haferflocken verrühren. 1 kleine Banane schälen und würfeln. Banane, 1 Eßlöffel gehackte Nüsse und 1 Teelöffel Rosinen unterrühren.

Obstfrühstück

200 g beliebiges Obst (außer Bananen und süßen Äpfeln) waschen, schälen und in Spalten oder Stücke schneiden. Das Obst pur oder zusammen mit 1 Becher Joghurt essen.

Rührei mit Tomate und Basilikum

1 Ei mit 2–3 Eßlöffeln Milch oder Sahne verquirlen. 1 Tomate kurz in heißes Wasser tauchen, häuten und ohne den Stielansatz würfeln. 1 Eßlöffel Butter in einer beschichteten Pfanne erhitzen, die Tomatenwürfel kurz darin andünsten. Die Eimasse einrühren und in 2–3 Minuten stocken lassen. Mit einigen Basilikumblättern bestreuen.

Avocado-Eier-Salat

1 Ei in 5–7 Minuten hart kochen. 1/2 Avocado schälen, vom Kern drehen und würfeln. Das Ei kalt abschrecken, schälen und in Scheiben schneiden. Mit den Avocadowürfeln mischen und mit Salz und Pfeffer würzen. 1 Eßlöffel Kresse oder gehackte Petersilie darüber streuen.

Extras

Wenn Sie die Extras kurz vor oder nach den Hauptmahlzeiten essen wollen, wählen Sie sie aus der gleichen Gruppe wie die Hauptmahlzeit oder aus der neutralen Gruppe.

Neutrale Gruppe

Joghurt, Milch, Nüsse (außer Erdnüsse), Oliven, rohes Gemüse zum Knabbern

Kohlenhydrat-Gruppe

Bananen, Trockenfrüchte, Knäckebrot, Vollkornbrot mit Butter oder Honig, Brezeln

Eiweiß-Gruppe

saure Früchte nach Saison (außer Bananen und süßen Äpfeln)

Getränke

Als neutrales Basisgetränk ist Wasser ohne Kohlensäure zu empfehlen.

Zum Frühstück passen Kaffee, Schwarztee, Mate-Tee, Kräutertee oder Milch. Zum Kohlenhydrat-Frühstück können Sie Ihre Getränke mit Honig oder etwas Zucker süßen.

Zu Eiweißmahlzeiten passen verdünnter Gemüse- oder Obstsaft, Sekt oder Wein in kleinen Mengen und Kräutertees.

Zu Kohlenhydratmahlzeiten passen Kräutertees ohne Fruchtsäure, Mate-Tee, Schwarztee, Bier und fruchtiger Rotwein in kleinen Mengen.

Gemüsepfanne

1 mittelgroßer Zucchino, 1 kleine rote oder gelbe Paprikaschote, 1 kleine Zwiebel, 1 Knoblauchzehe, 1 Eßl. Olivenöl, 1 Eßl. Schinkenwürfel, Salz, Pfeffer, 1 Msp. Thymianblättchen, 30 g Emmentaler, 1 Eßl. Sonnenblumenkerne

1

Den Zucchino waschen, putzen und in Scheiben schneiden. Die Paprikaschote putzen, waschen und würfeln. Zwiebel und Knoblauch schälen und fein schneiden. In einer Pfanne das Öl erhitzen und Zwiebel und Knoblauch darin einige Minuten andünsten. Paprikawürfel und Zucchinischeiben dazugeben und bei niedriger Hitze etwa 5 Minuten dünsten. Schinkenwürfel einstreuen und das Gemüse mit Salz, Pfeffer und Thymian würzen.

2

Den Käse reiben, darüber streuen und das Gemüse zugedeckt 2–3 Minuten ziehen lassen, bis der Käse geschmolzen ist. Die Sonnenblumenkerne in einer separaten Pfanne anrösten und darüber streuen.

!

Besonders fein wird dieses Gericht, wenn Sie statt Sonnenblumenkernen angeröstete Pinienkerne verwenden.

Risotto mit Erbsen

1 Zwiebel, 2 Eßl. Olivenöl, 125 g Risotto-Reis (italienischer Rundkornreis), 1/8 l warme Gemüsebrühe, 1 Tasse tiefgekühlte Erbsen, 25 g Pecorino, Pfeffer, Salz, 2 Eßl. gehackte glatte Petersilie

1

Die Zwiebel schälen und fein würfeln. In einem Topf das Öl erhitzen und die Zwiebel darin glasig dünsten. Reis dazugeben und mit der Brühe aufgießen. Reis zugedeckt bei schwacher Hitze 15 Minuten leicht köcheln lassen. Dabei ab und zu kurz umrühren.

2

Die Erbsen dazugeben und alles noch 4–5 Minuten ziehen lassen. Den Käse reiben, unterrühren und mit Pfeffer und Salz würzen. Die Petersilie darüber streuen und unterheben.

Steak mit Gemüse

100 g Zucchino, 100 g rote Paprikaschote, 1 Zwiebel, 1 Eßl. Öl, Salz, Pfeffer, 1 Steak vom Rind, Kalb oder Schwein, 2 Eßl. Sahne, 1 Teel. Senf, 1 Eßl. Schnittlauchröllchen

1

Zucchino und Paprikaschote putzen, waschen und in Streifen oder Würfel schneiden. Die Zwiebel schälen und fein schneiden. Die Hälfte des Öls in einer Pfanne erhitzen, das Gemüse darin unter Rühren kurz andünsten und bei mittlerer Hitze 3–4 Minuten weiterbraten. Mit Salz und Pfeffer würzen.

2

Das Fleisch in Würfel schneiden. In einer zweiten Pfanne das restliche Öl erhitzen und die Fleischwürfel von beiden Seiten 4–5 Minuten anbraten. Mit 1 Tasse Wasser ablöschen. Sahne und Senf einrühren, salzen und 2–3 Minuten einköcheln lassen. Den Schnittlauch untermischen. Das Fleisch mit dem Gemüse anrichten.

Rösti mit Käse

4 gekochte Pellkartoffeln vom Vortag (etwa 300 g), Salz, Pfeffer, 1 Eßl. gehackte Petersilie, 1 Eßl. Öl, 20 g Emmentaler

1

Die Kartoffeln schälen und grob raspeln. Mit Salz, Pfeffer und gehackter Petersilie vermischen.

2

Das Öl in einer beschichteten Pfanne erhitzen. Die Hälfte der Kartoffeln in die Pfanne geben, gleichmäßig verteilen und leicht festdrücken. Den Käse reiben, darauf verteilen und die restlichen Kartoffeln darüber schichten. Das Rösti mit dem Bratenwender leicht andrücken und bei niedriger Hitze in 8–10 Minuten auf einer Seite knusprig braten.

3

Rösti mit Hilfe eines Tellers wenden und auf der anderen Seite knusprig braten.

Dazu paßt ein Salat mit Joghurtsauce.

Salat mit Pute

4 Salatblätter, 1 Stück Salatgurke, 1 Stück gelbe Paprikaschote, 1 Eßl. Essig, 1 Eßl. Olivenöl, Salz, 1 Frühlingszwiebel, 1 kleiner Zucchino, 100 g Putenfleisch, 1 Teel. Öl, 1 Eßl. Aceto Balsamico (Balsamessig), Pfeffer, 1 Eßl. Kräuter, frisch gehackt

1

Die Salatblätter waschen. Die Gurke waschen oder schälen und hobeln. Die Paprikaschote waschen und würfeln. Die Zutaten in eine Schüssel geben und mit Essig, Olivenöl und etwas Salz vermischen.

2

Frühlingszwiebel und Zucchino putzen, waschen und fein schneiden. Fleisch in Würfel oder Streifen schneiden. Das Öl erhitzen und das Fleisch darin 1–2 Minuten unter Rühren anbraten. Zucchino und Frühlingszwiebel dazugeben und 2–3 Minuten weiterdünsten. Mit Aceto Balsamico ablöschen und mit Salz und Pfeffer würzen. Die Fleisch-Gemüse-Mischung auf dem Salat verteilen. Die Kräuter darüber streuen.

! **Tip fürs Mitnehmen:**
Salat, Fleisch-Gemüse-Mischung und Sauce getrennt verpacken und erst kurz vor dem Verzehren mischen.

Vollkornbrot mit Käsecreme

1 Bund Schnittlauch, 50 g Frischkäse, Salz, Pfeffer, 2 Scheiben Vollkornbrot, 3–4 Kirschtomaten

1

Den Schnittlauch waschen und fein schneiden. Die Schnittlauchröllchen unter den Frischkäse rühren. Mit Salz und Pfeffer würzen.

2

Die Brotscheiben mit der Käsecreme bestreichen. Die Tomaten waschen und halbieren. Die Brote mit den Tomaten garnieren.

Dazu paßt sehr gut Rohkost, wie Gurke, Radieschen oder Paprikaschote.

! **Tip fürs Mitnehmen:**
Die Brote mit der Creme bestreichen und zusammenklappen. Die Tomaten oder die Rohkost extra einpacken.

Brokkoliomelett

1 Zwiebel, 1 Eßl. Öl, 200 g Brokkoli, 1 großes Ei, 3 Eßl. Milch, Salz, Pfeffer, Muskatnuß, 20 g Pecorino

1

Die Zwiebel schälen, halbieren und fein schneiden. In einer beschichteten Pfanne das Öl erhitzen und die Zwiebel darin goldgelb braten.

2

Den Brokkoli putzen. Den Strunk abschneiden, schälen und fein würfeln. Den Brokkolikopf längs in 1 cm dicke Scheiben schneiden. Brokkoliwürfel und -scheiben in die Pfanne geben, 1 Tasse Wasser angießen und alles zugedeckt in 10 Minuten weich dünsten.

3

Das Ei mit der Milch verquirlen. Mit Salz, Pfeffer und Muskatnuß würzen. Den Käse reiben und untermischen. Die Eimischung über das Gemüse gießen und zugedeckt bei mittlerer Hitze in 5 Minuten stocken lassen. Dabei die Pfanne gelegentlich schütteln, damit das Omelett nicht anhängt.

! Tip fürs Mitnehmen:
Das Omelett vor dem Verpacken abkühlen lassen.

Pizzatoast

2 Scheiben Toastbrot, 1 kleine Zwiebel, 100 g Zucchino, 1 Eßl. Öl, je 1 Prise Thymian und Oregano, Salz, 1 Tomate, 50 g Mozzarella, 1 Zweig Petersilie

1

Die Brotscheiben toasten. Die Zwiebel schälen und fein würfeln. Zucchino waschen, putzen und in kleine Würfel schneiden.

2

Das Öl erhitzen und die Zwiebelwürfel darin leicht anbräunen. Zucchinowürfel dazugeben und bei schwacher Hitze 3–4 Minuten dünsten. Mit Thymian, Oregano und Salz würzen.

3

Die Tomate waschen und in Würfel schneiden, dabei den Stielansatz entfernen. Den Mozzarella fein würfeln. Tomate und Mozzarella mit dem Gemüse vermischen, auf den Toastscheiben verteilen und 5 Minuten unter dem heißen Grill überbacken. Die Petersilie waschen und die Toastscheiben mit den Blättchen garnieren.

Frikadellen mit Salat

Für den Salat:
200 g grüne Bohnen, 1 Zwiebel, 1 Teel. Essig, Salz, Pfeffer, 1 Eßl. Öl, kaltgepreßt, 2 Tomaten, 4–5 Basilikumblätter
Für die Frikadellen:
1 Zwiebel, 150 g Hackfleisch von Rind, Schwein oder Pute, 1 Ei, etwa 50 g geraspelter Zucchino (oder Möhre), 1 Eßl. gehackte Petersilie, Salz, Pfeffer, 2 Teel. Öl zum Braten

1

Für den Salat die Bohnen waschen, putzen und in Stücke schneiden. 1–2 Tassen Wasser in einem Topf zum Kochen bringen und die Bohnen darin in 20 Minuten nicht zu weich kochen. Die Zwiebel schälen und würfeln. Mit Essig, Salz, Pfeffer und Öl in einer Schüssel vermischen. Die Tomaten waschen, ohne die Stielansätze achteln und zur Marinade geben. Das Basilikum in Streifen schneiden und untermischen. Die gekochten Bohnen abtropfen und leicht abkühlen lassen, mit den Tomaten vermischen.

2

Für die Frikadellen die Zwiebel schälen und fein hacken. Das Hackfleisch mit Ei, Zwiebel, Zucchino und Petersilie vermischen. Mit Salz und Pfeffer würzen. Aus der Masse 2 Frikadellen formen. In einer Pfanne das Öl erhitzen und die Frikadellen von beiden Seiten in je 4–5 Minuten goldbraun braten.

Pellkartoffeln mit Quark

250 g mehlig-festkochende Kartoffeln, 125 g Quark, Salz, Pfeffer, 1 Stück Salatgurke (etwa 5 cm), 2 Zweige Dill

1

Die Kartoffeln waschen und in wenig Wasser oder im Dampf etwa 20 Minuten garen.

2

Inzwischen den Quark mit Salz und Pfeffer glattrühren. Die Gurke waschen oder schälen und mittelgrob raspeln. Den Dill waschen und fein schneiden. Gurke und Dill unter den Quark rühren.

3

Die Kartoffeln pellen und zusammen mit der Quarkcreme servieren.

!

Tip fürs Mitnehmen:
Kombinieren Sie die Quarkcreme statt der Kartoffeln mit Vollkornbrot.

Gemüsegulasch

1 große Zwiebel, 1 Knoblauchzehe, 1 mittelgroße Möhre, 1 Eßl. Öl, 100 g Schnitzel (von Schwein oder Pute; oder 1 Rindersteak), 1 kleine Lauchstange, Salz, Pfeffer, 1 Teel. Instant-Gemüsebrühe, 1 Msp. Thymianblättchen, 2 Eßl. gehackte Petersilie

1

Zwiebel und Knoblauch schälen und würfeln. Die Möhre waschen und bürsten oder schälen und in dünne Scheiben schneiden. Die Hälfte des Öls erhitzen, Zwiebel- und Knoblauchwürfel darin goldbraun braten. Die Möhre dazugeben, einige Minuten anbraten, dann mit 1 Tasse Wasser aufgießen und etwa 15 Minuten dünsten.

2

Inzwischen das Fleisch würfeln. Lauch putzen, längs aufschlitzen, gründlich waschen und in Streifen schneiden. Das Fleisch im restlichen Öl anbraten, dann den Lauch dazugeben und alles noch 4–5 Minuten dünsten.

3

Die Fleisch-Lauch-Mischung in das Gemüse einrühren und mit Salz, Pfeffer, Gemüsebrühe, Thymian und Petersilie würzen.

Brötchen mit Avocado

1 großes Vollkornbrötchen, 2 Eßl. Hüttenkäse, 1 kleine, reife Avocado, 1/2 Kästchen Kresse, 1 Tomate, Salz, Pfeffer

1

Das Brötchen längs aufschneiden und beide Hälften mit dem Hüttenkäse bestreichen.

2

Die Avocado längs durchschneiden und vom Kern drehen. Die Schale abziehen. Die Hälften in Scheiben schneiden und auf die Brötchen legen.

3

Die Kresse im Beet abspülen, dann abschneiden. Die Tomate waschen und in Scheiben schneiden, dabei den Stielansatz entfernen. Das Brötchen mit Kresse und Tomatenscheiben garnieren und leicht mit Salz und Pfeffer würzen.

! Tip fürs Mitnehmen:
Brötchen mit Hüttenkäse bestreichen, zusammenklappen und verpacken. Geschälte Avocadohälften, Tomate und Kresse separat in einer Box mitnehmen. Dabei die Avocado zusätzlich mit Klarsichtfolie verpacken, damit die Oberfläche nicht oxidiert. Das Brötchen kurz vor dem Essen belegen.

CROMARGAN
stainless steel 18/10

Kabeljau mit Lauch

1 kleine Lauchstange, 100 g Kabeljaufilet, 2 Teel. Zitronensaft, Salz, 2 Teel. Öl, Pfeffer, 1 Prise Curry, 1 Becher Joghurt (150 g), 1 Eßl. gehackter Dill

1

Den Lauch putzen, längs aufschlitzen, gründlich waschen und quer in Streifen schneiden. Das Fischfilet abspülen, trokkentupfen, mit Zitronensaft beträufeln und salzen. In einer beschichteten Pfanne die Hälfte des Öls erhitzen und das Fischfilet darin auf jeder Seite je nach Dicke 4–5 Minuten braten. Den Fisch an die Seite der Pfanne legen.

2

Das restliche Öl in die Pfanne geben. Den Lauch dazugeben und unter Rühren 3–4 Minuten dünsten. Mit Salz, Pfeffer und Curry würzen. Joghurt und Dill verrühren und salzen. Den Fisch auf dem Gemüse servieren und die Joghurtsauce darauf verteilen.

!

Tip fürs Mitnehmen:
Am Abend vorher Fisch und Gemüse braten, über Nacht kühl stellen. Gemüse, Fisch und Sauce in getrennten Behältern mitnehmen.

Spaghetti mit Gorgonzolasauce

Salz, 80 g Hartweizen-Spaghetti (ohne Ei), 1/8 l Milch, 50 g Gorgonzola, 1 Frühlingszwiebel, 1 Bund Schnittlauch

1

1–2 l Wasser zum Kochen bringen, salzen und die Nudeln in 8–10 Minuten darin »al dente« garen.

2

Inzwischen in einem Topf die Milch erhitzen. Gorgonzola zerkleinern und in der Milch schmelzen lassen. Die Sauce glattrühren.

3

Die Frühlingszwiebel waschen, putzen, fein schneiden und in der Sauce etwa 2–3 Minuten ziehen lassen. Mit Salz abschmecken.

4

Die Nudeln abtropfen lassen und mit der Sauce vermischen. Den Schnittlauch waschen, fein schneiden und darüber streuen.

Blumenkohlcurry

250 g Blumenkohl, 1 kleiner Zucchino, 1/2 rote Paprikaschote, 1 Stück frische Ingwerwurzel (etwa 1 cm), 1 Knoblauchzehe, 1 Eßl. Butterschmalz (oder Öl), 1 Tasse tiefgekühlte Erbsen, 1 Teel. Curry, Salz, 1 Eßl. gehackte glatte Petersilie

1

Blumenkohl waschen, putzen und in Röschen zerteilen. Zucchino waschen, putzen und in Scheiben schneiden. Paprikaschote putzen, waschen und würfeln. Ingwerwurzel und Knoblauch schälen und fein würfeln.

2

Butterschmalz erhitzen, Ingwer und Knoblauch kurz darin anbraten, dann das Gemüse untermischen und mit 1/8 l Wasser aufgießen. Mit Curry und etwas Salz würzen, alles gründlich vermischen und zugedeckt 15–20 Minuten dünsten.

3

Die Petersilie einrühren und nochmals abschmecken.

!

Dieses neutrale Gericht können Sie mit einer Eiweiß- oder Kohlenhydratbeilage ergänzen.

Lauchquiche

Zutaten für eine kleine Kuchenform von 18 cm Ø (2 Portionen):
100 g Mehl, 50 g Crème fraîche, 50 g weiche Butter, Salz, 1 Msp. Backpulver, 500 g Lauch, 1 Eßl. Öl, Salz, Pfeffer, 1 Prise Curry, 50 g Pecorino, 4 Eßl. Sahne, 1 Eigelb, 1 Tomate

1

Den Backofen auf 200 Grad vorheizen. Das Mehl mit Crème fraîche, Butter, Salz und Backpulver zu einem Teig verarbeiten. Den Teig in der Form zu einem Boden ausdrücken, dabei einen Rand formen. Im Ofen (Mitte, Umluft 180 Grad) 10 Minuten vorbacken.

2

Den Lauch längs halbieren, waschen und fein schneiden. Das Öl erhitzen und den Lauch darin 4–5 Minuten dünsten. Mit Salz, Pfeffer und Curry würzen. Den Lauch auf dem Teig verteilen. Pecorino fein reiben. Die Sahne mit Käse und Eigelb vermischen, über den Lauch gießen und leicht einrühren. Die Tomate waschen und in Scheiben schneiden, dabei den Stielansatz entfernen. Die Scheiben auf dem Belag verteilen. Die Quiche weitere 20–25 Minuten backen.

!

Eine Hälfte der Quiche einfrieren oder für den nächsten Tag als kaltes Essen einplanen.

Fisch mit Spinat und Käse

200 g Goldbarschfilet, 2 Teel. Zitronensaft, Salz, 300 g Blattspinat, 1 Zwiebel, 1 Knoblauchzehe, 2 Eßl. Butter, Pfeffer, 1 Msp. Muskatnuß, 1/2 Tasse Milch, 50 g Butterkäse

1

Den Fisch abspülen, trockentupfen, mit Zitronensaft beträufeln und salzen. Den Spinat verlesen und waschen.

2

Zwiebel und Knoblauch schälen, fein hacken und in der Hälfte der Butter goldbraun braten. Spinat tropfnaß dazugeben und zugedeckt 3–4 Minuten dünsten. Dann den Deckel abnehmen und die Flüssigkeit nahezu verdunsten lassen. Mit Salz, Pfeffer und Muskatnuß würzen.

3

Die restliche Butter erhitzen und das Fischfilet darin auf beiden Seiten in je 3 Minuten vorsichtig braten.

4

In einem kleinen Topf die Milch erhitzen, den Käse würfeln, in die Milch geben und schmelzen lassen.

5

Den Spinat auf den Teller geben, das Fischfilet darauf setzen und die Sauce darüber gießen.

Zwiebelsuppe mit Croûtons

250 g Zwiebeln, 1 Eßl. Butter, 1 Teel. Mehl, 1 Scheibe Vollkorn-Toastbrot, 1 Knoblauchzehe, Salz, Pfeffer, 1 Prise Muskatnuß, 1–2 Teel. Instant-Gemüsebrühe, 1 Eßl. frisch geriebener Emmentaler

1

Die Zwiebeln schälen und in feine Streifen schneiden. In einem Topf die Butter erhitzen und die Zwiebeln darin goldbraun andünsten. Das Mehl unter Rühren darüber stäuben. Mit 1/4 l Wasser unter kräftigem Rühren aufgießen und die Suppe etwa 15 Minuten leicht köcheln lassen.

2

Das Brot toasten und mit der geschälten Knoblauchzehe abreiben. Knoblauchzehe in die Suppe pressen und einrühren. Die Suppe in eine feuerfeste Auflaufform füllen und mit Salz, Pfeffer, Muskatnuß und Gemüsebrühe würzen.

3

Die Brotscheibe ganz oder gewürfelt auf die Suppe legen, den Käse darüber streuen und die Suppe 5 Minuten unter den Grill stellen, bis der Käse geschmolzen ist.

Salat mit Schinken

1/4 Salatgurke, einige Salatblätter, 1 Kästchen Kresse, 1 kleine rote oder gelbe Paprikaschote, 50 g gekochter Schinken, 1/2 Becher Joghurt (75 g), Salz, Pfeffer, 1 Teel. Senf, 1 Teel. Essig, 1 Eßl. Öl, kaltgepreßt

1

Die Gurke waschen, nach Belieben schälen und in dünne Scheiben schneiden. Die Salatblätter waschen und abtropfen lassen. Die Kresse abspülen und vom Beet schneiden. Die Paprikaschote putzen, waschen und würfeln. Den Schinken in Streifen schneiden.

2

In einer Schüssel Joghurt mit Salz, Pfeffer, Senf, Essig und Öl verrühren. Die Salatzutaten dazugeben und alles vermischen.

! **Tip fürs Mitnehmen:**
Salat und Sauce getrennt in verschließbaren Dosen vorbereiten und bis zum Verzehr in den Kühlschrank stellen.

Gemüsecremesuppe

100 g Brokkoli, 100 g Zucchino, 100 g Möhre, 1 Teel. Mehl, 1 Teel. Instant-Gemüsebrühe, Salz, Pfeffer, 1 Prise Muskatnuß, 2 Eßl. Crème fraîche, 1 Eßl. gehackte glatte Petersilie

1

Das Gemüse waschen, putzen und würfeln. Mit 1/4 l Wasser in einen Topf geben und zugedeckt 25 Minuten kochen lassen. 1/8 l Wasser mit dem Mehl verrühren, mit dem Schneebesen einrühren und alles weitere 5 Minuten köcheln lassen.

2

Mit Gemüsebrühe, Salz, Pfeffer und Muskatnuß würzen. Die Suppe mit einem Mixstab pürieren. Die Crème fraîche unterrühren und die Suppe nochmals abschmecken. Die Petersilie darüber streuen.

Dazu paßt Vollkornbrot oder knuspriges Baguette.

Geschnetzeltes mit Gemüse

100 g Puten- oder Kalbfleisch, 100 g Champignons, 1 kleine Möhre, 1 Zwiebel, 1 Eßl. Öl, 1/2 Tasse Weißwein, 50 g Sahne, 1 Tasse tiefgekühlte Erbsen, Salz, Pfeffer, Instant-Gemüsebrühe, 1 Prise Curry, 1 Eßl. gehackte glatte Petersilie

1

Das Fleisch in Streifen schneiden. Die Pilze waschen, putzen und in Scheiben schneiden. Die Möhre schälen und in sehr feine Streifen schneiden oder hobeln. Die Zwiebel schälen und fein würfeln.

2

In einer Pfanne das Öl erhitzen, Zwiebel und Möhre darin goldbraun braten. Das Fleisch dazugeben und unter Rühren anbraten. Die Pilze untermischen und Wein und Sahne angießen. Alles zugedeckt 5 Minuten köcheln lassen.

3

Die Erbsen einrühren, mit Salz, Pfeffer, Gemüsebrühe und Curry würzen und noch 3 Minuten köcheln lassen. Mit der Petersilie bestreuen.

Tomaten-Mozzarella-Salat

2 reife Tomaten, 50 g Mini-Mozzarella-Kugeln (oder 1/2 normale Kugel Mozzarella), 1 Teel. Aceto Balsamico (Balsamessig), 1 Eßl. Olivenöl, Salz, Pfeffer, 2 Stengel Basilikum

1

Die Tomaten waschen und ohne den Stielansatz in Achtel schneiden. Die Mozzarellakügelchen halbieren. Tomaten und Mozzarella in eine Schüssel geben.

2

Essig, Olivenöl, Salz und Pfeffer dazugeben und alles vermischen. Das Basilikum waschen, die Blättchen abzupfen, in feine Streifen schneiden und untermischen.

Dazu paßt als Kohlenhydrat-Ergänzung knuspriges Weißbrot oder Vollkornbrot.

!

Tip fürs Mitnehmen:

Den Salat vorbereiten und bis zum Verzehr kühl stellen.

Sommergemüse

1 Zwiebel, 1 Knoblauchzehe, 100 g Aubergine, 100 g Zucchino, Salz, 1 kleine Paprikaschote, 1 Tomate, 2 Eßl. Olivenöl, 1 Eßl. Kapern, 2 Eßl. gehackte glatte Petersilie, Pfeffer, 1–2 Eßl. Pinienkerne

1

Zwiebel und Knoblauch schälen und fein hacken. Aubergine und Zucchino waschen, putzen, in Würfel schneiden und leicht salzen. Die Paprikaschote putzen, waschen und in Streifen schneiden. Die Tomate waschen und würfeln, dabei den Stielansatz entfernen.

2

Das Öl erhitzen. Zwiebel und Knoblauch darin goldbraun braten. Aubergine und Zucchino dazugeben und unter Rühren leicht anbraten. Paprikastreifen und Tomatenwürfel untermischen, mit 1/8 l Wasser aufgießen und das Gemüse noch 10 Minuten schmoren lassen. Kapern und Petersilie einrühren. Mit Salz und Pfeffer würzen. Die Pinienkerne ohne Fett in einer Pfanne rösten und darüber streuen.

! Tip fürs Mitnehmen:

Dieses Gemüse schmeckt auch kalt sehr gut.

Nudeln mit Pilzsahne

Salz, 80 g Hartweizen-Nudeln (ohne Ei), 100 g Pilze (z. B. Austernpilze, Champignons, Pfifferlinge), 1 kleine Zwiebel, 1 Teel. Butter, 100 g Sahne, Salz, Pfeffer, 1/2 Teel. Instant-Gemüsebrühe, 1 Eßl. frisch geriebener Pecorino, 1 Eßl. gehackte glatte Petersilie

1

1–2 l Wasser zum Kochen bringen, salzen und die Nudeln in 8–10 Minuten darin »al dente« garen.

2

Inzwischen die Pilze abspülen, putzen und in Scheiben schneiden. Die Zwiebel schälen und sehr fein hacken. In einer Pfanne die Butter erhitzen und die Zwiebel darin bei schwacher Hitze glasig dünsten. Die Sahne angießen, die Pilze einrühren. Die Sauce zugedeckt 2–3 Minuten leicht köcheln lassen. Mit Salz, Pfeffer und Gemüsebrühe würzen. Die Sauce kurz kräftig aufkochen lassen, bis sie cremig ist.

3

Die Nudeln abgießen, gut abtropfen lassen und mit der Sauce vermischen. Pecorino und Petersilie untermischen.

Salat mit Thunfisch

5 Salatblätter, 1 Stück Salatgurke, 1 Tomate, 1 Stück grüne Paprikaschote, 1 Frühlingszwiebel, 1 Eßl. Essig, 1 Eßl. Olivenöl, Salz, Pfeffer, 1 Eßl. gehackte Petersilie, 1 kleine Dose eingelegter Thunfisch (75 g)

1

Die Salatblätter waschen und abtropfen lassen. Die Gurke waschen oder schälen und in feine Scheiben schneiden. Die Tomate waschen und in Achtel schneiden, dabei den Stielansatz entfernen. Die Paprikaschote waschen und in feine Streifen schneiden. Die Frühlingszwiebel putzen, waschen und in Streifen schneiden.

2

In einer Schüssel Essig und Öl mit Salz, Pfeffer und Petersilie vermischen. Den Thunfisch in Stücke zerpflücken und dazugeben. Salatblätter, Gurke, Tomate, Paprika und Frühlingszwiebel unterheben.

! **Tip fürs Mitnehmen:**

Salatzutaten und Marinade getrennt verpackt mitnehmen und erst kurz vor dem Essen vermischen.

Kartoffel-Gemüse-Pfanne

200 g festkochende Kartoffeln, 3 Eßl. Olivenöl, 100 g Pilze, 1 kleine Lauchstange, Salz, Pfeffer, Curry, 1 Bund Schnittlauch, 2 Eßl. Joghurt

1

Die Kartoffeln schälen und fein würfeln. In einer großen beschichteten Pfanne die Hälfte des Öls erhitzen und die Kartoffeln unter gelegentlichem Rühren 10–15 Minuten darin zugedeckt garen.

2

Die Pilze abspülen, putzen und kleinschneiden. Den Lauch putzen, längs halbieren, waschen und in Streifen schneiden. Die Kartoffeln an den Rand der Pfanne schieben, das restliche Öl dazugeben und Pilze und Lauch einige Minuten darin anbraten. Die Zutaten in der Pfanne vermischen und mit Salz, Pfeffer und Curry würzen.

3

Den Schnittlauch waschen, in feine Röllchen schneiden und mit dem Joghurt vermischen. Mit Salz abschmecken und als Beilage reichen.

Tomatensuppe mit Eierflan

1 Ei, 1 Eßl. Milch, Salz, 1 Eßl. gehackte Petersilie, 1 Teel. weiche Butter, 1 Zwiebel, 1 Knoblauchzehe, 1 Eßl. Olivenöl, 250 g Tomatenpüree (Fertigprodukt), 1 Prise Zucker, Pfeffer, 4–5 Blätter Basilikum

1

Das Ei mit Milch, Salz und Petersilie verrühren. Eine Tasse mit der weichen Butter ausstreichen, die Eiermilch einfüllen und mit Alufolie verschließen. In einem Topf etwa 2 cm Wasser zum Kochen bringen, die Tasse mit der Eimasse hineinstellen und die Eimasse zugedeckt in 10 Minuten stocken lassen.

2

Zwiebel und Knoblauch schälen und fein würfeln. In einem Topf das Öl erhitzen, Zwiebel und Knoblauch darin goldbraun andünsten. Das Tomatenpüree dazugeben und mit etwa 1/8 l Wasser aufgießen. Die Suppe 8–10 Minuten leicht köcheln lassen, bis die Zwiebeln weich sind. Mit Zucker, Salz und Pfeffer würzen.

3

Den Eierstich auf ein Brettchen stürzen, in Würfel oder Scheiben schneiden und mit den Basilikumblättern auf der Suppe verteilen.

Couscous-Salat

1/8 l Gemüsebrühe, Salz, 50 g Couscous-Grieß, 1 kleine Knoblauchzehe, 1 Schalotte, 1 Tomate, 1 Stück Salatgurke, 4 Oliven, 2 Eßl. Olivenöl, Pfeffer, 1 Eßl. gehackte glatte Petersilie

1

Die Gemüsebrühe mit etwas Salz zum Kochen bringen. Couscous-Grieß einstreuen und 10 Minuten bei niedrigster Hitze quellen lassen. Inzwischen Knoblauchzehe und Schalotte schälen, fein hacken und in die heiße Masse einrühren.

2

Die Tomate schälen und achteln, dabei den Stielansatz entfernen. Die Gurke waschen oder schälen und fein würfeln. Die Oliven entkernen und fein schneiden. Tomate, Gurke und Oliven unter den Couscous mischen.

3

Den Salat leicht abkühlen lassen. Öl, Pfeffer und Petersilie unterrühren und nochmals mit Salz abschmecken.

!

Tip fürs Mitnehmen:
Da dieser Salat besonders gut schmeckt, wenn er gut durchgezogen ist, können Sie ihn fix und fertig zubereitet in einem verschließbaren Gefäß mitnehmen.

Neutrale Gruppe

- Alle Salat- und Gemüsesorten (außer Kartoffeln und Zuckermais), alle Kräuter
- Alle Pilze, Sprossen und Keimlinge, Gewürze, Senf und Oliven
- Vollmilch, Sahne, Kondensmilch
- Alle gesäuerten Milchprodukte, wie Joghurt, Quark, saure Sahne, Crème fraîche, Schmand, Kefir, Dickmilch und Buttermilch
- Käse: alle weichen und mittelfesten Käsesorten ab einem Fettgehalt von 45 % i. Tr., z. B. Taleggio, Bel paese, Gorgonzola, Roquefort, Emmentaler, Butterkäse, Camembert, Brie, deutscher Gouda, Raclette, Pecorino. Auch der Hartkäse Parmesan zählt zur neutralen Gruppe. Er hat zwar nur einen Fettgehalt von 35 % i. Tr., jedoch wegen seines geringen Feuchtigkeitsgehaltes einen absoluten Fettgehalt von 22 g pro 100 g. Alle Weißkäsesorten, wie Frischkäse, Mozzarella, Ziegen- und Schafkäse sowie Hüttenkäse
- Alle pflanzlichen und tierischen Fette, wie Butter, Gänseschmalz, pflanzliche Öle, z. B. Olivenöl, Sonnenblumenöl
- Alle Nüsse (außer Erdnüsse) und Samen, wie Sesamsamen oder Sonnenblumenkerne
- Alle rohen und geräucherten Fleischsorten, z. B. Rohschinken oder Salami
- Alle rohen oder geräucherten Fischsorten, wie Räucherlachs oder Matjes

Kohlenhydrat-Gruppe

- Getreide: Dinkel, Grünkern, Weizen, Roggen, Buchweizen, Gerste, Hirse, Mais, Zuckermais, Reis und Wildreis
- Brot und Gebäck: aus den verschiedenen Getreidearten ohne Eiweißzusatz hergestellt
- Teigwaren: alle Teigwaren ohne Ei, am besten aus Hartweizen
- Kartoffeln und Süßkartoffeln
- Früchte: süße, mürbe Äpfel, Bananen, frische oder getrocknete Datteln und Feigen, ungeschwefelte Trockenfrüchte, z. B. Aprikosen, Pflaumen und Korinthen
- Zum Süßen: Honig, Ahornsirup, Rohrzucker, Apfel- und Birnendicksaft, Zuckerrohrgranulat
- Außerdem: Backpulver, Carob, Puddingpulver, Edelkastanien